HiStoRieTaS JuVeNiLeS: PeLiGr

CAMBIO C

LOS GASES DE EF
Y LA CAPA DE OZONO

Daniel R. Faust

Traducción al español:
José María Obregón

PowerKiDS press.

New York

Published in 2009 by The Rosen Publishing Group, Inc.
29 East 21st Street, New York, NY 10010

First Edition

Editors: Joanne Randolph
Book Design: Greg Tucker
Illustrations: Dheeraj Verma/Edge Entertainment

Library of Congress Cataloging-in-Publication Data

Faust, Daniel R.
   [Global warming. Spanish]
   Cambio climático : los gases de efecto invernadero y la capa de ozono = Global warming : greenhouse gases and the ozone layer / Daniel R. Faust ; traducción al español, José María Obregón. – 1st ed.
      p. cm. – (Historias juveniles. Peligros del medio ambiente)
   Includes index.
   ISBN 978-1-4358-8462-5 (lib. bdg.) – ISBN 978-1-4358-8463-2 (pbk.)
   ISBN 978-1-4358-8464-9 (6-pack.)

1. Global warming–Juvenile literature. 2. Greenhouse effect, Atmospheric–Juvenile literature. 3. Ozone layer depletion–Juvenile literature. I. Obregón, José María, 1963- ill. II. Title. III. Title: Global warming : greenhouse gases and the ozone layer.
QC981.8.G56F3818 2009
363.738'74–dc22

                                        2009003496

Manufactured in the United States of America

CONTENIDO

INTRODUCCIÓN

La Tierra está en problemas y necesita tu ayuda. La **temperatura** en la Tierra está aumentando, y en unos años se convertirá en un serio problema para muchas personas, plantas y animales. Una de las razones por las que la temperatura ha subido se debe a que los gases de efecto invernadero han aumentado. Además, la temperatura sube debido a que hay un hoyo en la capa de ozono que evita que los rayos del sol lleguen a la Tierra.

¿Qué pasaría si no pudiéramos controlar el cambio climático o cerrar el hoyo de la capa de ozono? ¡Sigue leyendo para encontrar la respuesta!

CAMBIO CLIMÁTICO
LOS GASES DE EFECTO INVERNADERO Y LA CAPA DE OZONO

LA VIDA EN LA TIERRA DEPENDE DE LA ENERGÍA GENERADA POR EL SOL. EL SOL LE DA LUZ Y CALOR A NUESTRO PLANETA.

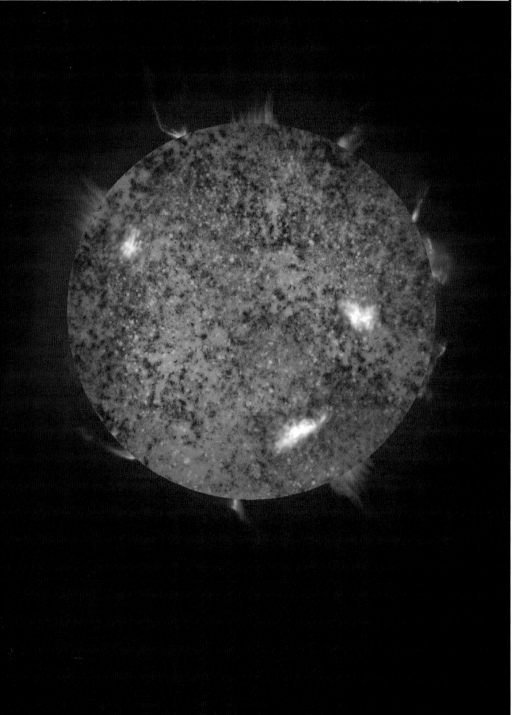

SIN EMBARGO, DEMASIADA **RADIACIÓN SOLAR** PUEDE CAUSAR SERIOS PROBLEMAS.

LA TIERRA SE RODEA DE UNA **ATMÓSFERA**. LA ATMÓSFERA ES COMO UNA FRAZADA FORMADA POR VARIOS GASES ALREDEDOR DE LA TIERRA.

LAS PLANTAS Y ANIMALES NECESITAN DE ALGUNOS DE ESTOS GASES, COMO EL ÓXIGENO Y EL DIÓXIDO, PARA VIVIR.

EXOSFERA

MESOSFERA

ESTRATOSFERA

TROPOSFERA

CAPAS DE LA ATMÓSFERA TERRESTRE.

OTRO GAS, LLAMADO OZONO, FORMA UNA **BARRERA** ALREDEDOR DEL PLANETA.

ESTRATOSFERA

TROPOSFERA

— CAPA DE OZONO

LA CAPA DE OZONO BLOQUEA LOS **RAYOS ULTRAVIOLETAS (UV)** PARA QUE NO LLEGUEN A LA SUPERFICIE DE LA TIERRA.

EL OZONO ES UN GAS FORMADO POR TRES **ÁTOMOS** DE OXÍGENO.

EL OXÍGENO QUE RESPIRAMOS ESTÁ FORMADO POR DOS ÁTOMOS DE OXÍGENO. LA ATMÓSFERA CONTIENE ESTOS DOS GASES, ASÍ COMO ÁTOMOS DE OXÍGENO SUELTOS.

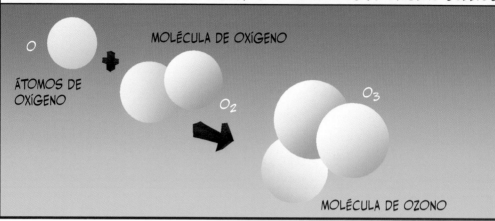

LOS RAYOS ULTRAVIOLETAS DIVIDEN LAS **MOLÉCULAS** DE OXÍGENO Y DE OZONO, LIBERANDO ÁTOMOS DE OXÍGENO EN LA ATMÓSFERA.

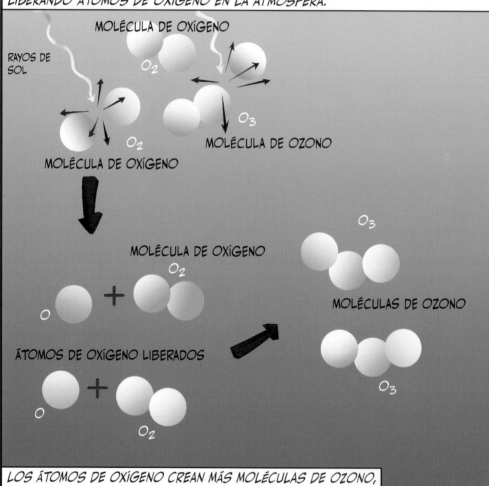

LOS ÁTOMOS DE OXÍGENO CREAN MÁS MOLÉCULAS DE OZONO, QUE NUEVAMENTE SE DIVIDEN POR LOS RAYOS ULTRAVIOLETAS.

ESTE PROCESO USA TODA LA ENERGÍA DE LOS RAYOS ULTRAVIOLETAS, Y EVITA QUE LLEGUEN A LA SUPERFICIE.

SIN EMBARGO, NO TODOS LOS RAYOS UV SON BLOQUEADOS.

ALGUNOS RAYOS UV LLEGAN A LA SUPERFICIE DE LA TIERRA.

OIGAN, HAY QUE PONERSE MÁS BLOQUEADOR DE SOL.

NO QUIERO DEJAR DE JUGAR EN EL AGUA. ADEMÁS LOS BLOQUEDORES SON PARA NIÑOS. YO QUIERO BRONCEARME.

SARA TIENE RAZÓN, TENEMOS QUE PONERNOS MÁS BLOQUEADOR. ADEMÁS HAY QUE USAR NUESTRAS GORRAS.

QUÉ ABURRIDO.

NO, TOMÁS, ES MUY IMPORTANTE. ¿TE ACUERDAS DEL SUSTO CUANDO MI PAPÁ TUVO QUE TRATARSE POR CÁNCER EN LA PIEL?

PAPÁ DICE QUE TODO ESO NO LE HUBIESE PASADO SI HUBIERA USADO BLOQUEADOR DE SOL.

DEBEMOS BLOQUEAR LOS RAYOS UV.

¿QUÉ SON LOS RAYOS UV?

¿NO TE ACUERDAS LO QUE APRENDIMOS EN LA ESCUELA EL OTRO DÍA? EL SOL PRODUCE LUZ Y CALOR, PERO TAMBIÉN PRODUCE OTROS TIPOS DE ENERGÍA.

ASÍ ES, Y UN TIPO DE ENERGÍA ES LA RADIACIÓN* ULTRAVIOLETA, O RAYOS UV.

*LA RADIACIÓN ES UNA FORMA DE ENERGÍA QUE SE ENVÍA EN FORMA DE OLAS, RAYOS O **PARTÍCULAS.**

LOS RAYOS UV SON LOS QUE NOS DAN EL BRONCEADO. PERO EL BRONCEADO NO ES SALUDABLE. EL BRONCEADO ES UN SIGNO DE QUE EL SOL HA DAÑADO TU PIEL.

"ADEMÁS, LOS RAYOS UV PUEDEN CAUSAR DOLOROSAS QUEMADURAS".

"DEMASIADA EXPOSICIÓN A LOS RAYOS UV PUEDE CAUSAR CÁNCER DE LA PIEL".

"CADA AÑO, MÁS DE 1,000 PERSONAS MUEREN DE CÁNCER DE LA PIEL EN LOS ESTADOS UNIDOS".

"LOS RAYOS UV TAMBIÉN PUEDEN CAUSAR PROBLEMAS EN LA VISTA, COMO LAS CATARATAS".

"LAS CATARATAS SON UNA ENFERMEDAD QUE ENTURBIA LOS OJOS Y HACE QUE SE PIERDA LA VISTA".

LOS RAYOS UV SE REFLEJAN EN EL AGUA, LA ARENA, EL CONCRETO Y LA NIEVE.

ES POR ESO QUE DEBEMOS USAR LENTES OSCUROS SIEMPRE QUE ESTEMOS AL AIRE LIBRE.

SI LOS RAYOS UV SON TAN PELIGROSOS, ¿NO DEBERÍAMOS QUEDARNOS AL CUBIERTO DURANTE EL DÍA?

"LA CAPA DE OZONO ACTÚA COMO UNA RED PROTECTORA".

"QUE SÓLO PERMITE QUE UNA PEQUEÑA CANTIDAD DE RAYOS UV LLEGUE A LA SUPERFICE".

SÍ, PERO...

SI NO TENEMOS CUIDADO, PODRÍAMOS ACABAR CON LA CAPA DE OZONO.

¿QUÉ? ¿A QUÉ TE REFIERES, SARA?

"EN LOS AÑOS 1920, SE INVENTARON LOS **QUÍMICOS** LLAMADOS CLOROFLUOROCARBONOS".

"LOS CLOROFLUOROCARBONOS, O CFC, SE USARON EN AIRES ACONDICIONADOS, REFRIGERADORES Y AEROSOLES".

"EN 1979, CIENTÍFICOS INGLESES TRABAJANDO EN LA ANTÁRTIDA DESCUBRIERON QUE LA CAPA DE OZONO SOBRE LA ANTÁRTIDA SE HABÍA COMENZADO A REDUCIR".

"LA ATMÓSFERA SOBRE EL POLO SUR ESTABA PERDIENDO OZONO".

"IMÁGENES TOMADAS DESDE EL ESPACIO DETECTARON QUE LA DELGADA CAPA DE OZONO SOBRE LA ANTÁRTIDA TENÍA UN HOYO".

HOYO EN LA CAPA DE OZONO

"DESAFORTUNADAMENTE, PARA CUANDO LOS CIENTÍFICOS DESCUBRIERON EL EFECTO DE LOS CFC EN LA CAPA DE OZONO, ESTOS QUÍMICOS SE HABÍAN ESTADO UTILIZANDO DURANTE MUCHOS AÑOS".

"LOS CFC TAMBIÉN SE ENCUENTRAN EN LA CONTAMINACIÓN DE AUTOMÓVILES, FÁBRICAS Y PLANTAS DE ELECTRICIDAD".

"CUANDO LOS CFC ALCANZAN LA CAPA DE OZONO SON DIVIDIDOS POR LOS RAYOS UV".

"ESTO LIBERA UN ÁTOMO DE CLORO QUE DESTRUYE EL OZONO".

"LOS RAYOS UV NO SOLO DAÑAN A LOS SERES HUMANOS, TAMBIÉN DAÑAN LAS PLANTAS".

"SIN LA PROTECCIÓN DE LA CAPA DE OZONO, LOS CULTIVOS EN TODO EL MUNDO PODRÍAN MORIR".

"LOS RAYOS UV TAMBIÉN ACABARÍAN CON LAS PLANTAS DE LOS OCÉANOS".

"LOS PECES QUE COMEN ESTAS PLANTAS MORIRÍAN, Y MUY PRONTO LOS ANIMALES QUE COMEN ESTOS PECES TAMBIÉN MORIRÍAN".

"CUANDO LOS RAYOS UV LLEGAN A LA SUPERFICIE DE LA TIERRA PUEDEN CREAR OZONO".

"CUANDO EL OZONO ES CREADO CERCA DE LA TIERRA PUEDE SER DAÑINO PARA LOS HUMANOS".

"CUANDO EL OZONO SE MEZCLA CON LA CONTAMINACIÓN AMBIENTAL CREA SMOG. EL SMOG DIFICULTA MUCHO LA RESPIRACIÓN".

EL SMOG Y LA CONTAMINACIÓN AMBIENTAL CREAN LO QUE SE CONOCE COMO EL EFECTO INVERNADERO.

¿QUÉ ES EL EFECTO INVERNADERO?

"EL SMOG Y LA CONTAMINACIÓN AMBIENTAL ATRAPAN EL CALOR DEL SOL Y LO MANTIENEN CERCA DE LA SUPERFICIE DE LA TIERRA".

"LA TIERRA COMIENZA A CALENTARSE Y LAS TEMPERATURAS SE ELEVAN, DE LA MISMA MANERA QUE SUCEDE EN UN INVERNADERO. DE AHÍ QUE SE LE LLAME EFECTO INVERNADERO".

"EL CAMBIO EN LA TEMPERATURA CAUSADO POR EL EFECTO INVERNADERO SE CONOCE COMO CAMBIO CLIMÁTICO".

"AL INCREMENTARSE LA TEMPERATURA DEL PLANETA, ZONAS ENTERAS PODRÍAN VERSE AFECTADAS".

"LOS RÍOS Y LOS LAGOS PODRÍAN SECARSE. LAS TIERRAS DE CULTIVO PODRÍAN CONVERTIRSE EN DESIERTOS".

"SI LA TEMPERATURA EN LA TIERRA AUMENTA, EL HIELO DE LAS MASAS POLARES SE DERRETIRÁ".

"ESTO AUMENTARÍA EL NIVEL DE LOS OCÉANOS EN TODO EL MUNDO".

"LAS CIUDADES COSTERAS COMO NUEVA YORK Y SAN FRANCISCO SE INUNDARÍAN".

"NACIONES DE TODO EL MUNDO HAN PROMETIDO NO USAR CFC."*

"ADEMÁS HAN ACORDADO USAR **ALTERNATIVAS** MÁS LIMPIAS Y USAR QUÍMICOS QUE NO DAÑEN LA CAPA DE OZONO Y QUE NO CONTRIBUYAN AL EFECTO INVERNADERO".

*DESDE 1987, 191 PAÍSES HAN FIRMADO EL PROTOCOLO DE MONTREAL, UN TRATADO INTERNACIONAL DISEÑADO PARA PROTEGER LA CAPA DE OZONO.

"PODEMOS AYUDAR USANDO MENOS EL AUTO, USANDO NUESTRA BICICLETA O TOMANDO TRANSPORTES PÚBLICOS PARA REDUCIR LA CONTAMINACIÓN DE LOS *GASES DE COMBUSTIÓN* DE LOS AUTOMOVILES".

"RECICLAR LA BASURA TAMBIÉN PUEDE AYUDARNOS A DISMINUIR LOS CONTAMINANTES QUE CAUSAN EL EFECTO INVERNADERO".

LOS CIENTÍFICOS CREEN QUE SI TRABAJAMOS JUNTOS EN TODO EL MUNDO...

...LA CAPA DE OZONO PODRÍA REPARARSE POR COMPLETO EN LOS PRÓXIMOS 50 AÑOS.

DATOS SOBRE EL CAMBIO CLIMÁTICO

1. De no ser por los gases de efecto invernadero, la Tierra sería al menos 60° F (30° C) más fría y no podríamos vivir en ella.

2. Algunos científicos afirman que en 80 años, la Tierra será 6.5° F (3.5° C) más caliente de lo que es hoy.

3. Durante el último período glacial, la temperatura promedio en la Tierra era 9° F (5° C) más fría de lo que es actualmente.

4. En 1997, durante una conferencia de las Naciones Unidas en Kyoto, Japón, los líderes de muchos países acordaron reducir la cantidad de gases de efecto invernadero que producen sus fábricas e industrias.

5. Desde los años pre-industriales los niveles de dióxido de carbono en el aire han aumentado un 36 por ciento, y el nivel de metano ha aumentado 148 por ciento.

6. Cerca del 90 por ciento del ozono de nuestro planeta se encuentra cerca de la capa de ozono.

7. Los científicos creen que el nivel de los océanos subirá en promedio de 7 a 24 pulgadas (18–61 cm) para el 2100.

8. Las emisiones totales de gases de efecto invernadero en los Estados Unidos han aumentado un 16.3 por ciento de 1990 a 2005 y se espera que continúen subiendo.

GLOSARIO

ALTERNATIVAS (las) Formas nuevas o diferentes.

ATMÓSFERA (la) Los gases alrededor de un objeto en el espacio. En la Tierra es el aire.

ÁTOMOS (los) Las partes más pequeñas de los elementos.

BARRERA (la) Algo que bloquea el paso.

DAÑO (el) Deterioro.

GASES DE COMBUSTIÓN (los) Humo en el aire producido al encender gas, aceite o carbón.

MOLÉCULAS (las) Átomos que están unidos.

PARTICULAS (las) Pequeñas piezas de materia.

QUIMICOS (los) Sustancias que se mezclan con otras substancias.

RADIACIÓN SOLAR (la) Rayos de luz, calor o energía que surgen del Sol.

RAYOS ULTRAVIOLETAS (los) Rayos del Sol que son peligrosos para la piel y los ojos de los animales.

TEMPERATURA (la) Grado de calor o frio.

ÍNDICE

PÁGINAS EN INTERNET

Debido a los cambios en los enlaces de Internet, PowerKids Press mantiene una lista de sitios en la red relacionados con el tema de este libro. Esta lista se actualiza regularmente y puede ser consultada en el siguiente enlace:

www1.powerkidslinks.com/ged/warming/